신약 4

KB200022

복음으로 세워진 교회

가스펠 프로젝트 영유아부

신약 **4**

복음으로 세워진 교회

지은이 | LifeWay Kids
옮긴이 | 권혜신
감 수 | 김병훈

초판 발행 | 2021. 1. 27
2판 1쇄 발행 | 2024. 10. 28
등록번호 | 제1988-000080호
등록된 곳 | 서울특별시 용산구 서빙고로65길 38
발행처 | 사단법인 두란노서원
영업부 | 02) 2078-3352, 3452, 3752, 3781
           FAX 080-749-3705
편집부 | 02) 2078-3437

활동 연구 | 김현숙·윤진희·이은미·홍선아

책값은 뒤표지에 있습니다.
ISBN 978-89-531-4711-9 04230
       978-89-531-3773-8 (세트)
홈페이지 | gospelproject.co.kr
두란노몰 | mall.duranno.com

The Gospel Project
for Babies and Toddlers

is published quarterly by LifeWay Christian Resources, One
LifeWay Plaza, Nashville, TN 37234, Ben Mandrell, President
© 2017 LifeWay Christian Resources
Translated and used by permission of LifeWay Christian
Resources

This Korean translation edition © 2021 by Duranno Ministry,
38, Seobinggo-ro 65-gil, Yongsan-gu, Seoul, Republic of
Korea. Published by arrangement with LifeWay Christian
Resources

차례

1 능력을 주시는 성령님

2 보내시는 하나님

약속하신 성령님이 오셨어요

예수님이 하늘로 올라가신 후 제자들이 모여 기도할 때 성령님이 오셨어요. 성령님은 그들과 함께하시며 각 나라 말로 예수님을 전하게 하셨어요. 베드로는 지도자들이 메시아이신 예수님을 죽게 했지만 하나님이 다시 살아나게 하셨다고 말했어요. 하나님께 순종하지 않은 것을 회개하고 예수님을 믿으라는 베드로의 말을 듣고 수천 명이 예수님을 믿었어요.

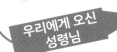
성령님이 오셨어요

예수님이 부활하시고 하늘로 올라가신 후 제자들은 예수님의 말씀에 순종해 함께 모여 기도했어요. 하나님이 제자들에게 성령님을 보내셨어요. 41쪽 '성령의 불' 스티커를 떼어 기도하는 제자들의 머리 위에 하나씩 붙여 주세요. 성령님이 오시자 제자들이 어떻게 했는지 오른쪽 그림을 보고 이야기를 나누어 보세요.

이야기 나누기

제자들은 함께 모여 기도했어요. 하나님이 제자들에게
성령님을 보내셨어요. 성령님은 우리를 도우세요.

걷지 못하는 사람이 걷게 되었어요

베드로와 요한은 다른 사람들에게 돈을 얻어서 살아가는 걷지 못하는 사람에게 말했어요. "나사렛 예수의 이름으로 일어나 걸으시오!" 그러자 그 사람은 걷고 뛸 수 있게 되었고 하나님을 찬양했어요. 하지만 율법 선생들은 기뻐하지 않았어요. 베드로가 그들에게 말했어요. "예수님이 고치셨어요. 오직 예수님만이 사람을 구원하시고 고치십니다."

예수님의 이름으로 걷게 되었어요

베드로는 요한과 기도하러 성전으로 가다가 걷지 못하는 사람을 만났어요. 베드로가 그 사람을 예수님의 이름으로 고쳤어요. 두 그림에서 각각의 사람들을 비교하며 어떤 차이가 있는지 이야기해 보세요. 그리고 선생님과 함께 "성령님은 우리를 도우세요!" 하고 외쳐 보세요.

 이야기 나누기

베드로가 걷지 못하는 사람을 예수님의 이름으로 고쳤어요. 성령님은 베드로와 요한을 도우셨어요. 성령님은 우리를 도우세요. 오직 예수님만이 사람을 구원하시고 고치세요.

3 스데반이 예수님을
전했어요

예수님을 사랑하고 교회를 섬기는 스데반을 사람들이 해치려고 했어요. 스데반은 그들에게 예수님을 전하며 아브라함, 요셉, 모세, 다윗이 모두 예수님이 오실 것을 말했다고 했어요. 사람들은 화가 나서 돌을 던져서 스데반을 죽게 하려고 했어요. 스데반이 하늘을 쳐다보니 예수님이 보였어요. 스데반은 예수님께 그들을 용서해 달라고 기도했어요.

선 긋기

메시아이신 예수님

스데반은 무엇을 보았나요?

스데반은 사람들에게 무엇을 전했나요? 41쪽 '예수님은 메시아세요' 스티커를 떼어 스데반의 입 주위에 붙이세요. 스데반이 하늘을 우러러보았을 때 누가 계셨나요? 회색 선을 따라 선을 긋고 색칠하여 그림을 완성해 보세요.

준비물 ▶ 색연필

 이야기 나누기

사람들은 스데반을 해치려고 했지만, 성령님이 스데반을 도우셨어요. 성령님은 우리를 도우세요.

4 에티오피아 관리가 예수님을 믿었어요

빌립은 천사의 말에 순종해서 사막 길을 가던 에티오피아 관리를 만났어요. 빌립은 성령님이 말씀하신 대로 그에게 달려갔어요. 에티오피아 관리는 성경에 적힌 글이 무슨 뜻인지 모르겠다고 했어요. 빌립은 그의 곁에 앉아 예수님에 관해 이야기해 주었어요. 에티오피아 관리는 예수님을 믿게 되었고 세례를 받았어요.

빌립이 복음을 전해요

성령님은 빌립을 사막으로 가게 하셨어요. 빌립은 그곳에서 누구를 만나 무엇을 했나요? 빌립이 갔던 길을 검지로 짚으며 따라가 보세요. 41쪽 '성령의 불', '에티오피아 관리', '강' 스티커를 차례대로 떼어 알맞은 곳에 붙이며 성경 이야기를 기억해 보세요.

😊 이야기 나누기

빌립은 에티오피아 관리에게 예수님에 관한 좋은 소식을 전했어요. 그는 예수님을 믿고 세례를 받았어요. 성령님은 사람들이 예수님에 관한 좋은 소식인 복음을 믿도록 도우세요.

5 베드로와 고넬료가 만났어요

로마 군인 고넬료는 하나님을 사랑했어요. 베드로는 기도하다가 커다란 보자기가 하늘에서 내려오는 환상을 세 번이나 보았어요. 환상은 깨어 있으면서 꾸는 꿈 같은 거예요. 하나님이 베드로에게 복음이 유대인뿐 아니라 모든 사람을 위한 것임을 알려 주신 거예요. 베드로는 예수님을 전했고, 고넬료와 그의 가족은 예수님을 믿었어요.

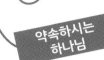
예수님을 전해요

천사가 고넬료에게 누구를 기다리라고 했나요? 그 사람은 고넬료에게 무엇을 전해 주었나요? 41쪽 '베드로', '복음을 전하는 나' 스티커를 떼어 알맞은 곳에 붙여 고넬료와 사람들에게 복음을 전하는 모습을 표현해 보세요.

 이야기 나누기

하나님은 베드로에게 예수님에 관한 좋은 소식인 복음이 모든 사람을 위한 것임을 보여 주셨어요. 베드로가 고넬료에게 예수님을 전했어요. 고넬료와 그의 가족은 예수님을 믿었어요. 예수님을 믿는 사람은 모두 구원받아요.

THE GOSPEL PROJECT / THE CHURCH ON MISSION

6

바울이 회개하고 세례를 받았어요

바울은 예수님을 사랑하는 사람들을 잡으러 가고 있었어요. 갑자기 밝은 빛이 비치고, "너는 왜 나에게 맞서느냐?" 하는 예수님의 목소리가 들렸어요. 예수님은 앞이 보이지 않는 바울에게 아나니아를 보내 다시 볼 수 있게 해 주셨어요. 하나님은 바울이 예수님을 사랑하게 해 주셨어요. 바울은 세례를 받았어요. 바울은 예수님을 전하는 사람이 되었어요.

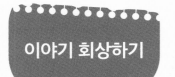

변화시켜 주시는 하나님

바울이 달라졌어요

예수님을 미워했던 바울이 예수님을 사랑하는 사람이 되었어요. 바울에게 어떤 일이 있었나요? 그림을 보면서 이야기를 따라 바울의 표정이 어떻게 바뀌었는지 살펴본 뒤 같은 표정을 찾아 선으로 연결해 주세요. 29쪽 '바울', '아나니아' 그림을 떼어 뒷면에 빨대를 붙여 막대 인형을 만들고 바울의 이야기를 전해 보세요.

준비물 ▶ 색연필, 빨대, 셀로판테이프

 이야기 나누기

바울은 처음에는 예수님을 사랑하지 않았어요. 하지만 하나님은 바울이 예수님을 사랑하도록 그의 마음을 바꾸어 주셨어요. 예수님을 만난 바울은 예수님을 전하는 사람이 되었어요. 그리스도인은 예수님을 전해요.

THE GOSPEL PROJECT / THE CHURCH ON MISSION

바울의 첫 번째 전도 여행

성령님은 바울과 바나바에게 특별한 일을 맡기셨어요. 바울과 바나바는 복음을 전하기 위해 여러 도시를 여행했어요. 루스드라에서 바울이 걷지 못하는 사람을 고치자 사람들이 바울과 바나바를 신으로 여겼어요. 바울과 바나바는 말했어요. "우리는 신이 아닙니다. 예수님만 경배하세요." 바울과 바나바는 복음을 전했고 많은 사람이 예수님을 믿었어요.

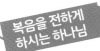

스티커 붙이기

복음을 전하게 하시는 하나님

성령님의 힘으로 예수님을 전해요

성령님은 바울과 바나바를 다른 도시로 보내 사람들에게 예수님을 전하게 하라고 하셨어요. 교회는 바울과 바나바에게 손을 얹고 그들을 위해 기도했어요. 41쪽 '기도 손', '예수님을 믿으세요!' 스티커를 떼어 알맞은 곳에 붙이세요. 29쪽 '바울', '바나바', '걷지 못하는 사람' 그림을 떼어 뒷면에 빨대를 붙여 막대 인형을 만들고 성경 이야기를 꾸며 보세요.

준비물 ▶ 빨대, 셀로판테이프

 이야기 나누기

바울과 바나바는 여러 지역을 여행하며 사람들에게 예수님을 전했어요. 많은 사람이 예수님에 관한 좋은 소식인 복음을 믿었어요. 그리스도인은 예수님을 전해요.

8 오직 그리스도

사람들은 율법을 모두 순종해야 하나님과 함께 살 수 있다고 생각했어요. 바울과 바나바는 예수님을 믿는다면 하나님이 그 누구에게든 성령님을 주신다고 말했어요. "유대인도 율법을 잘 지키지 못했습니다. 오직 예수님만이 사람을 구원하십니다. 예수님을 사랑하고 믿는 사람은 누구든지 구원받는 것이 하나님의 계획입니다."

길 완성하기

예수님을 믿어야
구원받아요

우리는 어떻게 구원받을 수 있을까요? '보기'에서 우리가 구원받기 위해 필요한 것을 찾아보세요. 아이들이 물에 빠지지 않도록 41쪽 '십자가' 스티커를 떼어 끊어진 곳에 붙이며 구원으로 가는 길을 완성한 후, 41쪽 '예수님과 아이들' 스티커를 붙이며 "오직 예수님만이 우리를 구원하세요!"라고 외쳐 보세요.

보기

예수님을 믿는 사람은 누구나 구원받아요. 바울은 오직 예수님만이 사람을 구원하신다고 말했어요. 그리스도인은 예수님을 전해요.

9 바울의 두 번째 전도 여행

바울과 실라는 빌립보에서 예수님을 전하다가 감옥에 갇혔지만, 감옥에서 찬양하고 기도했어요. 갑자기 지진이 나면서 사슬이 풀리고 감옥 문이 열렸어요. 감옥을 지키는 간수는 죄수들이 도망갔을까 봐 걱정했는데, 아무도 도망가지 않았어요. 바울은 구원받고 싶어 하는 간수와 그의 가족에게 복음을 전했어요. 그들은 예수님을 믿고 세례를 받았어요.

바울이 루디아를 만났어요

바울은 사랑하는 예수님을 위해 복음을 전하러 여행을 다니면서 옷감을 파는 루디아라는 여인을 만났어요. 루디아가 팔던 옷감 색인 자주색과 비슷한 보라색 색연필로 빈 곳을 색칠하고, 29쪽 '바울', 31쪽 '실라', '루디아', '간수' 그림을 떼어 뒷면에 빨대를 붙여 막대 인형을 만들고 성경 이야기를 꾸며 보세요.

준비물 ▶ 보라색 색연필, 빨대, 셀로판테이프

이야기 나누기

하나님은 바울이 다시 여행을 떠나게 하셨어요. 바울과 실라는 루디아에게 예수님을 전했고, 루디아는 예수님을 믿었어요. 그리스도인은 예수님을 전해요.

10 바울이 아테네에서 복음을 전했어요

바울은 가짜 신을 섬기는 아테네 사람들에게 예수님을 전했어요. "세상의 모든 것을 만드신 하나님은 사람을 사랑하십니다. 하나님은 예수님을 통해 우리가 구원받기를 원하십니다. 예수님은 죽었다가 다시 살아나셨습니다. 이것이 바로 하나님이 예수님을 보내셨다는 증거입니다." 어떤 사람들은 바울의 말을 들은 후 예수님을 믿게 되었어요.

예수님의 사랑이 더 멀리 전해져요

복음이 퍼지도록 도우시는 하나님

바울은 두 번째 전도 여행을 떠났어요. 첫 번째 여행보다 더 먼 곳까지 가게 되었어요. 41쪽 '아테네' 스티커를 떼어 ●에 붙이고, 31쪽 '바울' 인형을 떼어 리본 끈을 붙인 후 리본의 한쪽 끝을 ★표에 붙이세요. '바울' 인형을 움직이며 예루살렘을 떠나 아테네에 가서 "예수님을 믿으세요!"라고 복음을 전하고 돌아오세요.

준비물 ▶ 리본 끈, 셀로판테이프

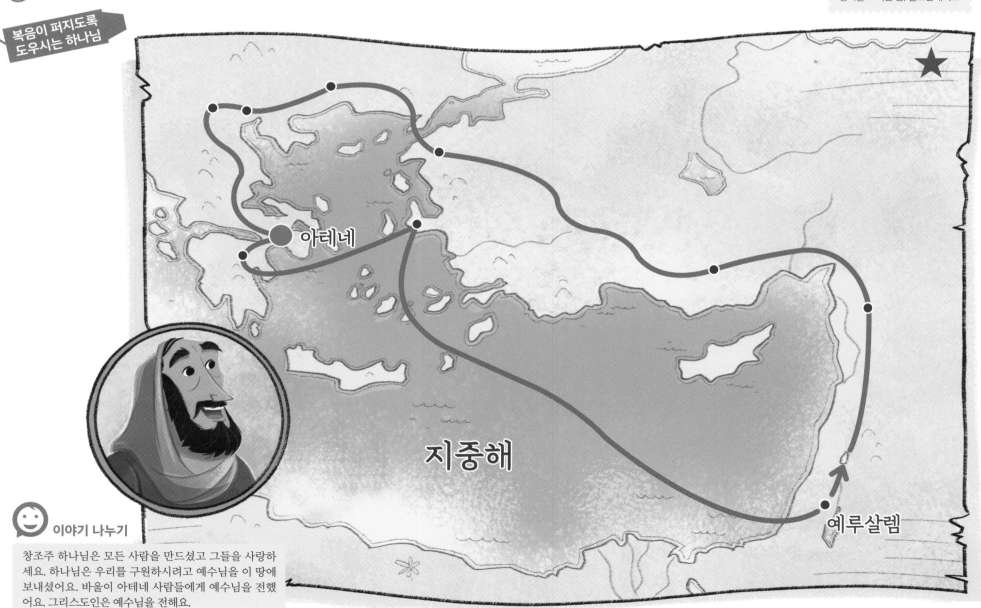

아테네

지중해

예루살렘

😊 이야기 나누기

창조주 하나님은 모든 사람을 만드셨고 그들을 사랑하세요. 하나님은 우리를 구원하시려고 예수님을 이 땅에 보내셨어요. 바울이 아테네 사람들에게 예수님을 전했어요. 그리스도인은 예수님을 전해요.

THE GOSPEL PROJECT / THE CHURCH ON MISSION

바울의 세 번째 전도 여행

하나님은 바울을 고린도로 보내셔서 브리스길라와 아굴라를 만나게 하셨어요. 바울이 많은 사람에게 예수님을 전하자 교회가 세워졌어요. 바울은 하나님이 자신을 예루살렘으로 보내시는 것을 깨닫고 말했어요. "예루살렘으로 가면 어려움을 만날 것이라고 성령님이 알려 주셨습니다. 그러나 저에게는 예수님을 전하는 일이 가장 중요합니다."

깨닫게 하시는
성령님

바울은 예수님을
전했어요

바울은 복음을 전하러 여행을 다녔어요. 그림에서 숨어 있는 십자가 7개를 찾아 ○표
해 보세요.

준비물 ▶ 색연필

 이야기 나누기

바울이 예루살렘으로 가면 힘든 일을 겪
게 될 것이라고 성령님이 알려 주셨지만,
바울은 포기하지 않았어요. 바울은 어디
를 가든지 사람들에게 예수님을 전했어
요. 그리스도인은 예수님을 전해요.

가스펠 프로젝트

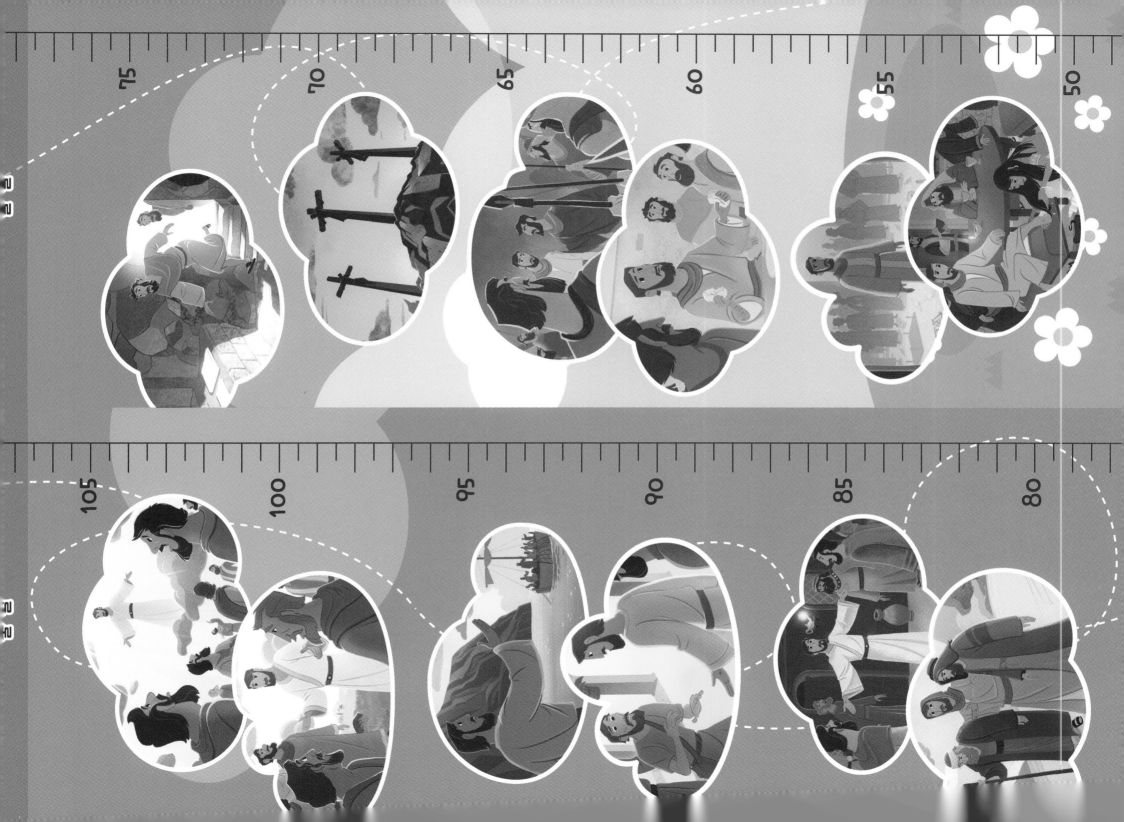

바울   **아나니아**   **바나바**   **걷지 못하는 사람**

실라

루디아

간수

바울

가스펠 프로젝트

신약 **4**

가족활동
메시지 카드

1. 약속하신 성령님이 오셨어요
행 2:1~4, 22~42

2. 걷지 못하는 사람이 걷게 되었어요
행 3:1~10, 4:5~31

3. 스데반이 예수님을 전했어요
행 6:8~7:60

메시지 카드에는 아이들이 배운 성경 이야기
를 되새기며 삶에 적용할 수 있는 가족 활동
이 담겨 있습니다. 그림을 보며 성경 이야기
를 생각하고 성경 본문을 찾아 카드의 그림
을 색칠하는 것도 유익을 기억할 수 있는 단서가 될
것입니다.

신약 4 '불물으로 새워진 교회'에 담긴 가르침

예수님이 승천하신 후 약속하신 성령님이 제
자들에게 임하셨습니다. 성령님의 권능으로
제자들은 유대인과 이방인 모두에게 복음을
전파하며 예수님이 지상 명령을 수행합니다.
예수님을 믿는 성도들을 박해했던 바울은 이
제과 세례, 그후 그가 복음을 전하기 위해 자
신의 삶을 바치는 이야기는 하나님을 통해 죄인들이
복음을 듣게 하시려는 하나님의 구원 계획이
단지금 드러납니다. 하나님은 우리에게도 성
령님을 보내셔서 어려운 상황에서도 용기를
가지고 복음을 전하도록 도우십니다.

단원 주제
성령님은 우리를 도우세요.

단원 암송
하나님은 우리 안에서 일하세요(빌 2:13).

가스펠 포인트
하나님이 제자들에게 성령님을 보내셨어요.
제자들이 사람들에게 하나님의 계획에 관해 말했어요.
예수님을 믿는 사람은 성령님을 받아요.

가족과 활동해요
· '이야기 성경' 스티커를 붙이며 말씀을 기억해요.
· 바람이 부는 공원을 산책하거나 선풍기 바람을 맞
으며 바람 소리같이 임하신 성령님에 관해 이야기
해요.
· 가위바위보 게임을 하면서 진 사람이 이긴 사람에
게 부채질을 해 주세요. 이긴 사람은 "우리를 도우
시는 성령님, 감사합니다!"라고 말해 보세요.

단원 주제
성령님은 우리를 도우세요.

단원 암송
하나님은 우리 안에서 일하세요(빌 2:13).

가스펠 포인트
성령님이 걷지 못하는 사람을 예수님의 이름으로 고쳤
어요.
성령님은 베드로와 요한을 도와 성었어요.
오직 예수님만이 사람을 구원하시고 고치세요.

가족과 활동해요
· '이야기 성경' 스티커를 붙이며 말씀을 기억해요.
· 산책을 하며 길이나 횡단보도나 걸음 등 여러 장소
에서 장애인을 위한 시설을 찾아보고 모든 장애인
을 위해 예수님의 이름으로 기도해 보세요.
· 몸이 아픈 가족이나 친구에게 찾아가거나 전화해
서 기도해 주세요.

단원 주제
성령님은 우리를 도우세요.

단원 암송
하나님은 우리 안에서 일하세요(빌 2:13).

가스펠 포인트
성령님이 스데반을 도우셨어요.
스데반은 예수님을 보여주는 하나님의 계획에 관
해 말했어요.
스데반은 예수님이 메시아라고 말했어요.

가족과 활동해요
· '이야기 성경' 스티커를 붙이며 말씀을 기억해요.
· 스데반이 하늘을 올려다보았을 때 예수님을 본 것
처럼 가족이 함께 하늘을 쳐다보세요. 주변을 둘러
보며 예수님을 상징하는 십자가를 찾아보세요.
· 스데반처럼 예수님을 전하는 선교사님의 동영
상을 본 후 선교사님을 위해 기도하세요.

4. 에티오피아 관리가 예수님을 믿었어요

행 8:26~40

5. 베드로와 고넬료가 만났어요

행 10장

6. 바울이 회개하고 세례를 받았어요

행 9:1~25

7. 바울의 첫 번째 전도 여행

행 13:1~3, 14:8~28

단원 주제
성경님은 우리를 도우세요.

단원 암송
하나님은 우리 안에서 일하세요(빌 2:13).

가스펠 포인트
성경님이 빌립에게 에티오피아 관리를 도우라고 말씀하셨어요. 빌립은 에티오피아 관리에게 예수님에 관한 좋은 소식을 전했어요. 성경님은 사람들이 예수님에 관한 좋은 소식을 믿도록 도우세요.

가족과 활동해요
- '이야기 성경' 스티커를 붙이며 말씀을 기억해요.
- 가족과 함께 식빵을 우유에 적셔 막으며 세례에 관해 이야기를 나누어 보세요.
- 하나님의 말씀을 기쁘게 주시는 선생님과 전도사님께 감사하는 마음을 전해 보세요.

단원 주제
성경님은 우리를 도우세요.

단원 암송
하나님은 우리 안에서 일하세요(빌 2:13).

가스펠 포인트
베드로가 고넬료에게 예수님을 전했어요. 하나님은 베드로에게 예수님에 관한 좋은 소식은 사람을 위한 것임을 보여 주셨어요. 예수님을 믿는 사람은 모두 구원받아요.

가족과 활동해요
- '이야기 성경' 스티커를 붙이며 말씀을 기억해요.
- 예수님이 우리를 위해 오셨다는 좋은 소식인 복음을 믿지 않는 가족과 이웃을 위해 기도해요.
- 하나님을 모르는 친구를 초대해서 함께 교제하고 예수님을 전해 보세요.

단원 주제
그리스도인은 예수님을 전해요.

단원 암송
하나님의 능력으로 복음을 전하는 사람이 되어요(행 1:8).

가스펠 포인트
바울은 집에서는 예수님을 사랑하지 않았어요. 예수님은 아나니아를 보내셔서 바울이 예수님을 전하게 하셨어요. 하나님은 바울을 예수님을 사랑하도록 그의 마음을 바꾸어 주셨어요.

가족과 활동해요
- '이야기 성경' 스티커를 붙이며 말씀을 기억해요.
- 예수님을 만나면 우리의 마음이 예수님을 사랑하는 마음으로 달라지는 것처럼, 변화가 나타나는 것을 관찰해 보세요. 예) 우수수 → 팥, 우유 → 요구르트 등.
- 복음하면서 세례에 관한 이야기를 나누어 보세요.

단원 주제
그리스도인은 예수님을 전해요.

단원 암송
하나님의 능력으로 복음을 전하는 사람이 되어요(행 1:8).

가스펠 포인트
성경님이 바울에게 특별한 일을 맡기셨어요. 바울과 바나바는 사람들에게 예수님을 전했어요. 많은 사람이 예수님에 관한 좋은 소식을 믿었어요.

가족과 활동해요
- '이야기 성경' 스티커를 붙이며 말씀을 기억해요.
- 가족과 함께 예수님을 전하는 일을 결합할 수 있기를 기도해 보세요.
- 사랑할 때 빛을 하며 예수님을 전하려 갔던 바울과 바나바를 생각해 보세요.

8. 오직 그리스도
행 15:1~35

9. 바울의 두 번째 전도 여행
행 16:11~34

10. 바울이 아테네에서
복음을 전했어요
행 17:16~34

11. 바울의 세 번째 전도 여행
행 18:1~4, 24~28, 20:17~38

8. 오직 그리스도

단원 암송
그리스도인은 예수님을 전해요.

단원 주제
하나님의 능력으로 복음을 전하는 사람이 되어요(행 1:8).

가스펠 포인트
어떤 사람들은 예수님에 관한 소식을 잘못 이해했어요. 바울은 오직 예수님만이 사람을 구원하신다고 말했어요. 예수님을 믿는 사람은 누구나 구원받아요.

가족과 활동해요
- '이야기 성경' 스티커를 붙이며 말씀을 기억해요.
- 가족과 함께 집에서 심부름 요청을 받으면 "예수님을 믿는 사람은 누구나 구원받아요!"라고 외치는 놀이를 해 보세요.
- 세계지도를 보면서, 모든 나라의 사람을 사랑하시기에 예수님을 믿으면 누구나 구원받게 하신 하나님을 찬양해 보세요.

---

9. 바울의 두 번째 전도 여행

단원 암송
그리스도인은 예수님을 전해요.

단원 주제
하나님의 능력으로 복음을 전하는 사람이 되어요.

가스펠 포인트
하나님은 바울이 다시 여행을 떠나게 하셨어요. 바울은 실라와 무디아에게 예수님을 전했어요. 바울은 감옥에서도 사람들에게 예수님을 전했어요.

가족과 활동해요
- '이야기 성경' 스티커를 붙이며 말씀을 기억해요.
- 가위바위보 게임을 하면서 이긴 사람이 가족의 이름을 부르며 "예수님은 OO를 사랑하세요!"라고 외쳐 보세요.
- 엄마, 아빠가 누워서 다리 위에 아이를 태운 후 "OO 나라로 건너가 주세요~!" 하고 내려주는 '비행기' 놀이를 하면서, "구원자 예수님을 믿어요!"라고 다 함께 외쳐 보세요.

---

10. 바울이 아테네에서 복음을 전했어요

단원 암송
그리스도인은 예수님을 전해요.

단원 주제
하나님의 능력으로 복음을 전하는 사람이 되어요(행 1:8).

가스펠 포인트
바울은 아테네 사람들에게 예수님을 전했어요. 하나님은 모든 사람을 만드셨고 그들을 사랑하세요. 하나님은 우리를 구원하시려고 예수님을 이 땅에 보내셨어요.

가족과 활동해요
- '이야기 성경' 스티커를 붙이며 말씀을 기억해요.
- 세계지도를 보며 다른 나라에서 복음을 전하는 선교사님과, 예수님을 믿지 않는 사람을 위해 기도해 보세요.
- 가족이 함께 외출하면서 만나는 사람에게 "예수님은 모든 사람을 사랑하세요!"라고 복음을 전해 보세요.

---

11. 바울의 세 번째 전도 여행

단원 암송
그리스도인은 예수님을 전해요.

단원 주제
하나님의 능력으로 복음을 전하는 사람이 되어요(행 1:8).

가스펠 포인트
바울은 아드림 가든지 사람들에게 예수님을 전했어요. 성경은 바울을 예수님으로 보내셨어요. 사람들에게 예수님을 전하는 것이 가장 중요해요.

가족과 활동해요
- '이야기 성경' 스티커를 붙이며 말씀을 기억해요.
- 산책하면서 '예수님'에 관한 찬양을 가족과 함께 불러 보세요.
- 예수님을 믿는 사람이 어려운 일을 만나도 예수님의 복음을 전하는 중요한 일을 할 수 있도록 성령님께 도와달라고 기도하는 시간을 가져 보세요.

예수님은 메시아세요.

예수님을 믿으세요!

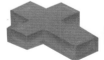  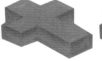 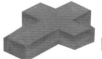 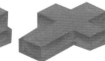  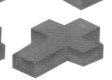  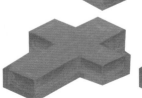  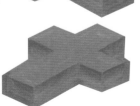 

1과

2과

3과

4과

5과

6과

7과

8과

9과

10과

11과